Marcelo Dolabela

Ilustrações ▶ Clô Paoliello

Dados Internacionais de Catalogação na Publicação (CIP)
(Câmara Brasileira do Livro, SP, Brasil)

Dolabela, Marcelo
Batuques de limeriques / Marcelo Dolabela ; ilustrações
Clô Paoliello. – 2. ed. – São Paulo : Paulinas, 2011. – (Coleção esconde-esconde)

ISBN 978-85-356-1492-3

1. Literatura infantojuvenil I. Paoliello, Clô. II. Título. III.
Série.

11-09637   CDD-028.5

Índices para catálogo sistemático:
1. Literatura infantil   028.5
2. Literatura infantojuvenil   028.5

Nenhuma parte desta obra pode ser reproduzida ou transmitida por qualquer forma e/ou quaisquer meios (eletrônico ou mecânico, incluindo fotocópia e gravação) ou arquivada em qualquer sistema ou banco de dados sem permissão escrita da Editora. Direitos reservados.

2ª edição – 2011

Direção-geral
Flávia Reginatto

Editora responsável
Maria Alexandre de Oliveira

Copidesque
Maria Cecilia Pommella Bassarani

Coordenação de revisão
Andréia Schweitzer

Revisão
Ana Cecília Mari
Marina Mendonça

Direção de arte
Irma Cipriani

Gerente de produção
Felício Calegaro Neto

Produção de arte
Telma Custódio

Paulinas
Rua Dona Inácia Uchoa, 62
04110-020 – São Paulo – SP (Brasil)
Tel.: (11) 2125-3500
http://www.paulinas.org.br
editora@paulinas.com.br
Telemarketing e SAC: 0800-7010081
© Pia Sociedade Filhas de São Paulo – São Paulo, 2005

O *limerique* é um poema de humor. De humor, não. De bom humor. Não o humor da piada. Mas o humor do *nonsense*. O humor sem-pé-nem-cabeça. Um poema que fala de coisas semelhantes e diferentes, ao mesmo tempo. Pode, por exemplo, falar "de uma forte nuvem de poeira em pleno mar". No *limerique*, tudo é possível. Só não é possível *o mau humor*.

A estrutura do *limerique* é simples e fixa. Isto é, um poema curto de cinco versos. Sendo que o 1º, o 2º e o 5º versos rimam entre si. E o 3º e 4º versos, normalmente menores, rimam entre si. O 1º verso se repete, integralmente ou em partes, no 5º verso.

Quase sempre o *limerique* começa com expressões como "Havia um..."; "Existia um..." etc.

O inglês Edward Lear (1812-1888) é o grande mestre do *limerique*.

No Brasil, temos Glauco Matoso, José Paulo Paes, Tatiana Belinky e Marcos Maffei (tradutor de E. Lear).

Um leitor de *limerique*, com o tempo, vira um poeta de *limerique*.

Assim, boa leitura, *limeriquista*.

Estes *Batuques de Limeriques* amarram em um mesmo nó, em um mesmo novelo: lugares, cidades, regiões e estados do Brasil + pessoas + profissões + ritmos e instrumentos musicais.

Tudo de uma forma meio confusa, meio na bagunça. Como se algum viajante quisesse reunir em uma única orquestra tudo o que ele viu, conheceu e ouviu em suas infinitas viagens.

Para ouvir os batuques dos poemas é bom viajar. Como deve ser o lugar? E o músico? E o ritmo?

Essa orquestra gigante é possível? Possível é. Se o palco for uma porção de *limeriques* com ritmos, rimas e surpresas.

Então, bom *show*.

Ou melhor: boa viagem!

Havia um *músico* lá do Riacho

que sempre tocava o seu *contrabaixo*

de noite e de dia

ninguém se esquecia

do *som* do *músico* lá do Riacho

Havia um *músico* de Boa Vista
no *bongô* no *xique-xique* era artista
gostava de *mambo*
e comia *jambo*
aquele *músico* de *Boa Vista*

Havia um *músico* lá de *Manaus*
tocava num *surdo* valsa de *Strauss*
misturava *soul*
no seu *rock'n'roll*
aquele *músico* lá de *Manaus*

Havia um *músico* de *Santarém*
que conhecia o *apito* do trem
pra nossa alegria
de trem se fazia
aquele *músico* de *Santarém*

Havia um *músico* lá de *Belém*
tocava *guitarra* feito ninguém
e quando *solava*
ninguém se igualava
àquele *músico* lá de *Belém*

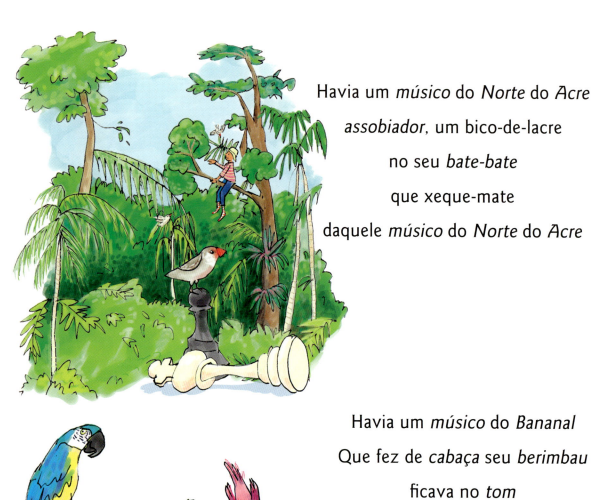

Havia um *músico* do *Norte* do *Acre*
assobiador, um bico-de-lacre
no seu *bate-bate*
que xeque-mate
daquele *músico* do *Norte* do *Acre*

Havia um *músico* do *Bananal*
Que fez de *cabaça* seu *berimbau*
ficava no *tom*
no seu *dim-dom-dom*
aquele *músico* do *Bananal*

Havia um *músico* lá no *Sertão*
que tocava *blues* igual a *baião*
e a cidade ouvia
alegre dizia
que excelente *músico* do Sertão

Havia um *músico* de *Tocantins*
tocava *clarone* até nos confins
das terras do além
soprava tão bem
aquele *músico* do Tocantins

Havia um *músico* de *Teresina*
que fez com um pente sua *ocarina*
e não era careca
e tinha *rabeca*
aquele *músico* de *Teresina*

Havia uma *soprano* em *São Luís*
que em toda *apresentação* dava *bis*
chamava Isabel
Maria do Céu
aquela *soprano* de *São Luís*

Havia um carteiro de *Fortaleza*
que tocava *teclados* numa mesa
tocava *Chopin*
a cada manhã
aquele carteiro de *Fortaleza*

Havia um *maestro* lá em *Natal*
regia um *coro* de cobra-coral
nas ondas do mar
dava pra escutar
aquele *maestro* lá de *Natal*

Havia um *músico* de *João Pessoa*
tocava *theremin* numa boa
vivia feliz
no seu chafariz
aquele *músico* de *João Pessoa*

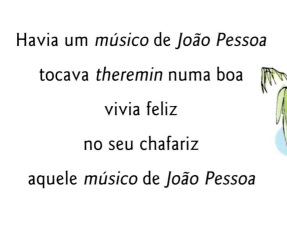

Havia um *músico* lá de *Recife*
magistral tocador do tal do *bife*
em seu *show*, que pose
de ótimo *virtuose*
tinha aquele *músico* de *Recife*

Havia um *músico* de Maceió
sanfoneiro bom, tocava *forró*
e depois do sol
no *som* do *For All*
daquele *músico* de Maceió

Havia um *músico* de Aracaju
que tocava *flautinha* de *bambu*
e quando ventava
o bairro escutava
aquele *músico* de Aracaju

Havia um *músico* lá na *Bahia*
tocava tão bem sua *bateria*
toda madrugada
oh que *batucada*
daquele *músico* lá da *Bahia*

Havia um *músico* de *Salvador*
que vivia tocando o seu *tambor*
tocava na rua
tocava pra lua
aquele *músico* de *Salvador*

Havia um *músico* em *Minas Gerais*
que tocava *tango* em forma de *jazz*
em todo auditório
era tão notório
o *jazz* que vinha de *Minas Gerais*

Havia um *músico* de *Caratinga*
tocava *cuíca*, *flautim*, *moringa*
um senhor artista
era bom *harpista*
aquele *músico* de *Caratinga*

Havia um profeta lá de *Uberaba*
que tocava *maraca* com maraba
não tinha juízo
mas era preciso
aquele profeta lá de *Uberaba*

Havia um *músico* de *Bambuí*
que fez de tachinha seu *caxixi*
e no seu *batuque*
se ouvia o truque
daquele *músico* de *Bambuí*

Havia um *músico* em *Manhumirim*
que tocava *valsa* em um *tamborim*
todo *arrasta-pé*
eu botava fé
naquele *músico* em *Manhumirim*

Havia um *músico* lá em *Lajinha*
que tocava *pistom* numa *gaitinha*
a sua *harmonia*
eu bem conhecia
daquele *músico* lá de *Lajinha*

Havia um *músico* lá em *Chalé*
um exímio *solista* de *oboé*
que tirava um som
que era tão bom
aquele *músico* lá de *Chalé*

Havia um maquinista de *Mutum*
que guiava o trator no *ziriguidum*
tomava café
e cantava *axé*
aquele maquinista de *Mutum*

Havia um *músico* lá de Vitória
que cantava *ciranda* de memória
quando clareava
o tatu cantava
com aquele *músico* de Vitória

Havia um *músico* em Guarapari
que tocava *guitarra* do *Havaí*
e quando tocava
a zebra dançava
com o *guitarrista* de Guarapari

Havia um *corneteiro carioca*
que fazia *violão* de minhoca
de *toque* certeiro
batendo *pandeiro*
aquele *corneteiro carioca*

Havia um *pianista paulistano*
tocava *xaxado* em seu *piano*
e quando xaxava
a lontra bailava
com aquele *pianista paulistano*

Havia uma *orquestra* lá de *Brasília*
com 100 pessoas da mesma família
que para dançar
era só falar
com aquela *orquestra* lá de *Brasília*

Havia uma *banda* de *Cuiabá*
que tocava *seresta* no *ganzá*
e na lua cheia
e noite de ceia
tocava a *bandinha* de *Cuiabá*

21

Havia um *músico* de Corumbá
que gostava de tocar *chá-chá-chá*
e no *carnaval*
era tão legal
aquele *músico* de Corumbá

Havia um *músico* em Ponta Porã
que tocava *sambinha* em seu *tantã*
batuque pra cá
zumbido pra lá
era o *músico* de Ponta Porã

Havia um gráfico lá de *Londrina*
que tocava no bule *concertina*
até na chaleira
fazia *zoeira*
aquele gráfico lá de *Londrina*

Havia um atleta de *Blumenau*
que corria tocando seu *chimbal*
era tão *ritmado*
e tão concentrado
aquele atleta lá de *Blumenau*

Havia um *músico* lá de *Alegrete*
que tocava feliz seu *clarinete*
e no *rataplã*
de toda manhã
daquele *músico* lá de *Alegrete*

Havia um *músico* em *Erechim*
que tocava *tuba* feito *flautim*
sua *melodia*
uma cotovia
era aquele *músico* de *Erechim*

Glossário
lugares, ritmos, instrumentos e músicos

A

Acre ▸ Estado da Região Norte.

Alegrete ▸ Cidade do estado do Rio Grande do Sul.

Apresentação ▸ Qualquer espetáculo.

Aracaju ▸ Capital do estado de Sergipe. Fundada em 17/3/1855.

Arrasta-pé ▸ Baile popular.

Axé music ▸ Ritmo baiano. Principais nomes: Asa de Águia, Daniela Mercury, Ivete Sangalo.

B

Bahia ▸ Estado da Região Nordeste. Capital: Salvador. Principais artistas: Assis Valente, Caetano Veloso, Camisa de Vênus, Daniela Mercury, Danilo Caymmi, Dori Caymmi, Dorival Caymmi, Gal Costa, Gilberto Gil, Nana Caymmi, Raul Seixas e Tom Zé.

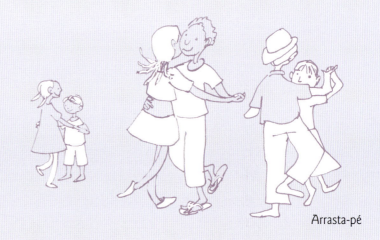
Arrasta-pé

Baião ▸ Ritmo do Nordeste. Principais artistas: Luiz Gonzaga e seus parceiros Humberto Teixeira e Zé Dantas.

Baile ▸ Reunião dançante.

Bambuí ▸ Cidade do estado de Minas Gerais.

Bananal ▸ Ilha do Bananal. A maior ilha fluvial do Brasil. Formada por uma bifurcação do rio Araguaia.

Banda ▸ Conjunto de músicos. / Bandinha: pequeno conjunto musical.

Bate-bate ▸ Batuque.

Banda

Bateria ▸ Conjunto de instrumentos musicais de percussão: bumbo, caixa, caixeta, chimbal, pratos e surdo. Geralmente, tocado por um único músico.

Batucada ▸ Música realizada sobre batuque de instrumentos musicais de percussão.

Batuque ▸ Ritmo afro-brasileiro.

Belém ▸ Capital do estado do Pará. Principal artista: Fafá de Belém.

Berimbau ▸ Instrumento musical de percussão de origem africana.

Bife ▸ Uma das primeiras lições de piano. Diz-se "bife", também, para a música tocada por quem não toca bem piano.

Bis ▸ Repetição de uma música em um espetáculo. Ou de parte de uma música durante sua execução.

Blues ▶ Estilo afro-americano. Principais artistas: B. B. King, Bessie Smith, Billie Holiday, Charlie Patton e Robert Johnson.

Blumenau ▶ Cidade do estado de Santa Catarina.

Boa Vista ▶ Capital do estado de Roraima.

Bongô ▶ Instrumento musical de percussão.

Brasília ▶ Capital do Brasil. Construída no governo do presidente Juscelino Kubitschek. Inaugurada em 21/4/1960. Principais artistas: Capital Inicial, Legião Urbana, Natiruts, Plebe Rude e Zélia Duncan.

C

Cabaça ▶ Instrumento musical. Chocalho.

Caratinga ▶ Cidade do estado de Minas Gerais.

Carioca ▶ Quem nasce na cidade do Rio de Janeiro.

Carnaval ▶ Festa popular brasileira. Período de três dias de folia que precede a Quarta-feira de Cinzas.

Caxixi ▶ Instrumento musical de percussão. Chocalho feito de pedrinhas e/ou de sementes.

Chá-chá-chá ▶ Ritmo caribenho.

Chalé ▶ Cidade da Zona da Mata de Minas Gerais.

Chimbal ▶ Instrumento musical de percussão. Pratos da bateria.

Chopin ▶ Compositor.

Ciranda ▶ Ritmo do Nordeste. Cantiga e dança infantil. Dança de roda.

Clarinete ▶ Instrumento musical de sopro.

Clarone ▶ Instrumento musical de sopro.

Concertina ▶ Instrumento musical de sopro.

Contrabaixo ▶ Instrumento musical de cordas.

Corneta ▶ Instrumento musical de sopro.

Coro ▶ Grupo vocal.

Corumbá ▶ Cidade do estado de Mato Grosso do Sul.

Cuiabá ▶ Capital do estado de Mato Grosso.

Cuíca ▶ Instrumento musical de percussão.

Bongô

Clarone

Guitarra havaiana

D

Dim-dom-dom ▶ Onomatopéia. Som de instrumento musical de corda.

E

Erechim ▶ Cidade do estado do Rio Grande do Sul.

F

Flauta de bambu ▶ Instrumento musical de sopro entalhado em um gomo de bambu.

Flautim ▶ Instrumento musical de sopro. Da família da flauta.

For All ▶ Galpão utilizado para dança no Nordeste. O termo foi aportuguesado, virando "Forró".

Forró ▶ Ritmo do Nordeste. Salão de dança.

Fortaleza ▶ Capital do estado do Ceará.

G

Gaita ▶ Instrumento musical de sopro.

Ganzá ▶ Instrumento musical de percussão. Também chamado de reco-reco.

Guarapari ▶ Cidade litorânea do estado do Espírito Santo.

Guitarra ▶ Instrumento musical de cordas. Principais instrumentistas brasileiros: Edgar Scandurra (do Ira!), João Daniel (do Pato Fu), Lanny Gordin, Pepeu Gomes, Sérgio Dias e Toninho Horta. Estrangeiros: Eric Clapton, George Harrison, Jimi Hendrix, Jimmy Page e Richie Blackmore.

Guitarra-havaiana ▶ Instrumento musical de cordas originário do Havaí, estado norte-americano. Principal instrumentista: Armandinho.

H

Harmonia ▶ Sucessão de acordes em uma música.

Harpa ▶ Instrumento musical de cordas.

J

Jazz ▶ Estilo musical norte-americano. Principais artistas: Count Basie, Duke Ellington, John Coltrane, Louis Armstrong, Miles Davis.

João Pessoa ▶ Capital do estado da Paraíba.

Flauta de bambu

L

Lajinha ▶ Cidade da Zona da Mata do estado de Minas Gerais.

Londrina ▶ Cidade do estado do Paraná.

M

Maceió ▶ Capital do estado de Alagoas.

Mambo ▶ ritmo afro-latino-americano.

Manaus ▶ Capital do estado do Amazonas.

Manhumirim ▶ Cidade da Zona da Mata do estado de Minas Gerais.

Maraca ▶ Chocalho de mão, de origem indígena.

Melodia ▶ Sucessão rítmica de sons em uma música.

Minas Gerais ▶ Estado da Região Sudeste. Capital: Belo Horizonte. Principais artistas: Beto Guedes, Gervásio Horta, Lô Borges, Milton Nascimento, Pato Fu, Pacífico Mascarenhas, Rômulo Paes, Sepultura, Skank, Toninho Horta e Wagner Tiso.

Moringa ▶ Objeto de barro para acondicionar água usado como instrumento musical de percussão.

Músico ▶ Integrante de uma banda, conjunto, grupo ou orquestra.

Mutum ▶ Cidade da Zona da Mata do estado de Minas Gerais.

N

Natal ▶ Capital do estado do Rio Grande do Norte.

Norte ▶ Região do Brasil.

O

Oboé ▶ Instrumento musical de sopro.

Ocarina ▶ Instrumento musical de sopro.

Orquestra ▶ Conjunto musical.

P

Pandeiro ▶ Instrumento musical de percussão.

Paulistano ▶ Quem nasce na cidade de São Paulo, capital do estado de São Paulo.

Piano ▶ Instrumento musical composto de caixa sonora, sistema especial de cordas e teclado.

Pistom ou Pistão ▶ Instrumento musical de sopro.

Ponta Porã ▶ Cidade do estado de Mato Grosso do Sul.

Maraca

Ocarina

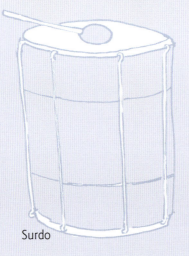
Surdo

R

Rataplã ▸ Onomatopéia. Barulho de tambor.

Rabeca ▸ Pequena viola.

Recife ▸ Capital do estado de Pernambuco. Principais artistas: Capiba, Chico Science, Nação Zumbi, Mundo Livre S/A, Nelson Freire e Otto.

Riacho ▸ Córrego. Pequeno rio. No Brasil, existem sete cidades chamadas Riacho: Riacho da Cruz (RN); Riacho das Almas (PE); Riacho de Santana (BA); Riacho de Santana (RN); Riacho dos Cavalos (RN); Riacho dos Machados (MG) e Riacho Fundo (PE).

Rock'n'roll ▸ Ritmo de origem afro-americana, a partir do rhythm and blues e do country and western.

S

Salvador ▸ Capital do estado da Bahia.

Samba ▸ Ritmo afro-brasileiro. Principais artistas: Ary Barroso, Cartola, Clara Nunes, Dorival Caymmi, Geraldo Pereira, Ismael Silva, Lupiscínio Rodrigues, Nelson do Cavaquinho, Noel Rosa e Wilson Batista.

Santarém ▸ Cidade do estado do Pará.

São Luís ▸ Capital do estado do Maranhão.

Seresta ▸ Cantoria, à noite, próximo à casa (janela do quarto) da pessoa amada.

Sertão ▸ Região que compreende grande parte do Nordeste e parte do Sudeste brasileiros.

Solo (solava, solista) ▸ Trecho de uma música executado por uma só pessoa ou por um só instrumento.

Som ▸ Qualquer ruído.

Soprano ▸ A voz feminina mais aguda.

Soul ▸ Ritmo afro-americano.

Strauss ▸ Ver Valsa.

Surdo ▸ Instrumento musical de percussão.

T

Tambor ▸ Instrumento musical de percussão. Geralmente tocado com uma ou um par de baquetas.

Tamborim ▸ Instrumento musical de percussão, geralmente tocado com uma baqueta. Às vezes, só com os dedos.

Tango ▸ Ritmo argentino, de origem hispano-americana. Principal artista: Carlos Gardel.

Tantã ▸ Instrumento musical de percussão.

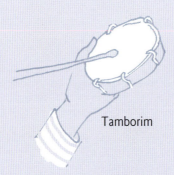
Tamborim

Teclados ▶ Instrumento musical.

Teresina ▶ Capital do estado do Piauí.

Theremin ▶ Instrumento musical criado pelo russo Lev Theremin. Seu som é produzido a partir de ondas extraídas de duas antenas. No Brasil, o instrumento foi usado pelo grupo Mutantes e, atualmente, pelo Pato Fu.

Tocantins ▶ Estado da Região Norte do Brasil.

Tom ▶ Grau de elevação ou abaixamento de um som. Inflexão da voz.

Trombone ▶ Instrumento de sopro.

Tuba ▶ Instrumento musical de sopro.

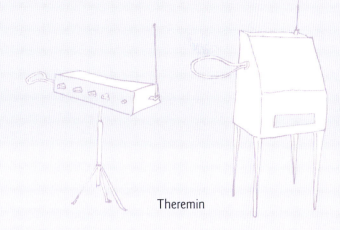
Theremin

U

Uberaba ▶ Cidade do Triângulo Mineiro.

V

Valsa ▶ Ritmo e dança de salão originários da região central da Europa (Áustria). Principais compositores: Berlioz, Brahms, Chopin, Gounod, Liszt, Johann Strauss, Joseph Strauss, Eduard Strauss, R. Strauss, Schubert e Weber.

Virtuose ▶ Músico habilidoso.

Vitória ▶ Capital do estado do Espírito Santo.

X

Xaxado ▶ Ritmo e dança do Nordeste.

Xique-xique ▶ Chocalho de origem indígena.

Z

Zoeira ▶ Barulho.

Zumbido ▶ Barulho insistente.

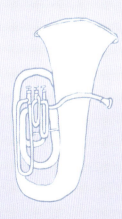
Tuba

31

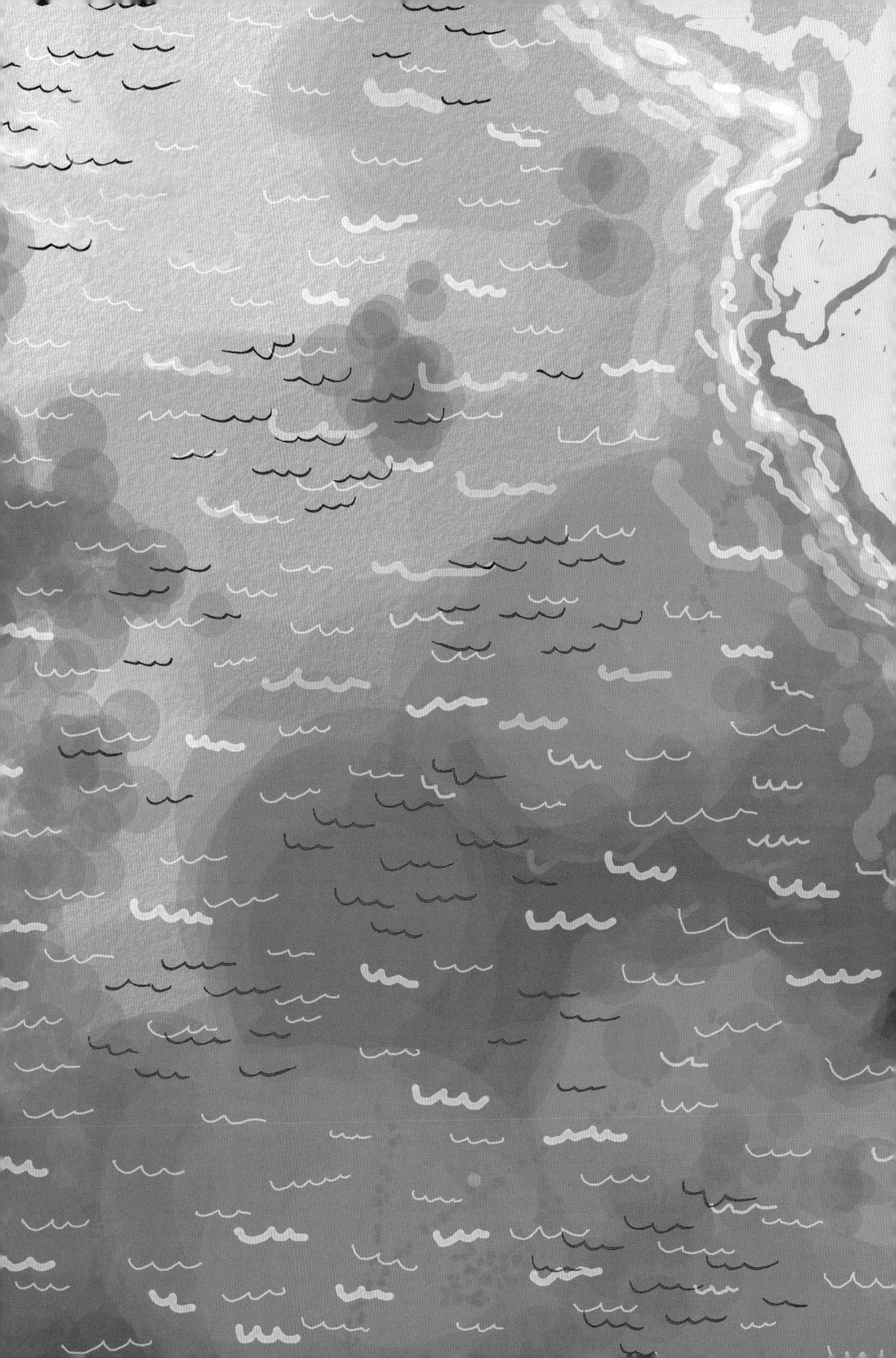